Par [illegible]

[illegible] contient la photographie d'[illegible] portrait colorié par lui, et [illegible] de sa Biographie.

PARIS
[illegible]

ALEXANDRE DUMAS

AUJOURD'HUI

PAR

CHARLES CHINCHOLLE

Avec 10 Photographies

Par **PIERRE PETIT**

PHOTOGRAPHE DE LA COMMISSION IMPÉRIALE

———

Ces Photographies sont les seules autorisées par M. ALEXANDRE DUMAS

———

PARIS

CHEZ D. JOUAUST, IMPRIMEUR-ÉDITEUR

338, RUE SAINT-HONORÉ

—

1867

Voyez-vous la race africaine, si gaie, si bonne et si aimante? Du jour de la résurrection, à ce premier contact d'amour qu'elle eut avec la race blanche, elle fournit à celle-ci un accord extraordinaire des facultés qui font la force, un homme d'intarissable séve. Un homme? Non, un élément, comme un volcan inextinguible ou un grand fleuve d'Amérique. Jusqu'où n'eût-il pas été sans l'orgie d'improvisation qu'il fait depuis 1827? N'importe, il n'en reste pas moins et le plus puissant machiniste et le plus vivant dramaturge qui ait été depuis Shakespeare.

MICHELET.

L'HOMME AU TRAVAIL.

— Quel singulier titre ! Il rappelle...

— Mais, monsieur l'exclamateur, mon intention est précisément de vous rappeler cela. Il est juste que le nom d'Alexandre Dumas vous remette en mémoire ce philosophe si bien compris par Rosa Bonheur, qui, sans qu'il en paraisse fatigué, trace, observateur et pensif, son droit sillon. Vous savez par quel calembour latin, au séminaire, les camarades de Bossuet désignaient le futur évêque de Meaux : *bos suetus aratro.* Je traduis pour votre femme : bœuf habitué au labeur.

En cessant d'être un calembour, ce mot devient une vérité proverbiale si on l'applique à l'auteur qui, après avoir quarante ans sillonné tous les champs littéraires, hier encore traînait allègrement un journal quotidien, que ses collaborateurs ont vendu, et aujourd'hui traîne plusieurs romans, un drame en vers, deux pièces en cinq actes.

C'est, vous ne me démentirez pas, le plus patient et le plus robuste des travailleurs, cet homme qui a étudié vingt sciences pour nous les apprendre, qui s'est montré dans *Monte-Cristo* chimiste comme Orfila, dans la *Guerre des Dames* stratégiste comme Vauban, dans *Ascanio* ciseleur comme Benvenuto, dans *Amaury* physiologiste comme Cabarrus, et dans cent ouvrages meilleur historien que tous nos historiens ensemble.

Vous voyez qu'il n'est pas aisé de peindre d'un coup de plume Dumas. Dumas est un protée. De là les différentes formes que chacun lui prête. Les petites pensionnaires affirment qu'il ressemble au vicomte de Bragelonne ; des soldats m'ont soutenu qu'il n'y a pas de différence entre lui et d'Artagnan. Pour les fiancées, Dumas, c'est le mari d'*un Mariage sous Louis XV*. Pour les femmes mariées qui ne craindraient pas une distraction, c'est Antony. Michelet, que tant de dénominations embarrassent, l'appelle tout bonnement *une force de la nature*. D'autres savants se le représentent sous les traits de Cagliostro. Des paysans vous conteront qu'il porte à la mairie de leur village le nom d'Ange Pitou. Et par jour cent personnes concluent : « Il faut que j'aille chez cet homme-là ! »

Autrefois c'était Venise qu'on brûlait de voir ; aujourd'hui c'est Dumas, comme s'il n'avait pas autre chose à faire que de se montrer. Ses domestiques enragent : ils ouvrent plus souvent sa porte que ne s'ouvre la porte du bon Dieu. On se procure avec trop de facilité l'adresse de leur maître. Demandez-la au premier commissionnaire venu, il vous répondra : « Boulevard Malesherbes, 107. » Grâce à cela, l'hiver dernier c'était coup de sonnette sur coups de sonnette. A la fin, Dumas, n'ayant plus le temps d'écrire ses mille lignes par jour, ne s'est-il pas vu forcé de déclarer dans son journal, à l'instar des ministres, qu'il ne recevrait dorénavant que le soir ? Si Dumas est visité comme un ministre, il est moins bien logé. Entrons chez lui, puisqu'il nous le permet. La maison qu'il habite n'a pas besoin qu'on la décrive. Regardez au hasard une des maisons construites depuis dix ans, elle ressemblera à la maison de Dumas. Tous nos architectes réunis sont parvenus à trouver un modèle de façade, et, s'imaginant avoir réalisé l'idéal, ne cherchent pas autre chose. Avant de monter chez moi, je ne manque jamais de parler à ma concierge, afin de m'assurer que je n'entre point chez mes voisins ou chez vous, monsieur.

Qu'est-ce que vous faites-là? Vous tenez à interroger la concierge de M. Dumas? Vous avez raison : ne perdons pas cette occasion d'entendre l'accent de la conviction.

« Salut, madame. M. Dumas est-il chez lui ?

— Non, messieurs. Il est à la campagne depuis hier.

— Merci, madame. »

Oh! que cela ne vous décourage pas. Voilà un an que M. Dumas est à la campagne depuis hier! Voilà un an que, sans s'être démentie une seule fois et sur un ton tellement naïf qu'il en est effronté, ou, si vous le préférez, tellement effronté qu'il en est naïf, la concierge promène ainsi M. Dumas et le monde. On ne l'en a pas priée, mais vous comprenez que c'est pour son escalier. Il n'y a qu'une seule chose que les concierges soignent mieux que leur chat, c'est leur escalier. Malheureusement les amis de Dumas ont le mot; elle y gagnera une maladie.

Si vous voulez dorénavant parvenir chez le maître, orientez-vous donc bien de façon à n'avoir pas besoin de la concierge. Nous sommes sous la porte cochère. Vous voyez à gauche cette unique porte vitrée? Ouvrons-la. Nous voici sur l'escalier. Montons. Ah! montons encore. Dumas demeure haut. Dumas, qui devrait avoir plusieurs voitures dans un bel hôtel à lui; Dumas, qui tutoie dix princes et vingt princesses; Dumas, qui déteste monter et que l'escalier fatigue, loge, comme un poëte inconnu, au quatrième étage. Les raisons de cela, nous prendrons le temps de les énumérer; elles déshonorent plus d'un de ceux qui se prétendent ses amis.

Nous arrivons sur le palier, où nous trouvons deux portes à deux battants. Sonnons à celle de gauche. Dumas a autant de domestiques que Cadet Roussel. Il va sans dire que tous trois l'adorent, veillent avec orgueil sur ses moindres instants et lui évitent les visites ennuyeuses, comme si c'était à eux et non pas à lui de les recevoir. Dès qu'on sonne, ils vont, l'un ou l'autre, indifféremment, ouvrir ; mais il n'est pas indifférent au visiteur d'avoir affaire à l'un ou à l'autre.

Est-ce la femme de chambre qui vous ouvre ? La femme de chambre est une petite mince aux cheveux châtains, aux yeux d'un bleu gris, brillants et vifs, à la démarche et aux mouvements qui ne démentent point ses yeux ; elle doit avoir trente-cinq ans. C'est Armande. Armande a exactement vis-à-vis de vous la même conduite que les éditeurs vis-à-vis des jeunes auteurs. Ceux-ci vous demandent : « Êtes-vous connu ? » Armande regarde si elle vous connaît. Si elle ne vous connaît point, elle vous répond que « monsieur n'y est pas, » et elle ferme la porte. Si elle vous connaît, vous n'avez qu'à entrer. Armande aime les situations bien résolues et ne s'arrête pas aux *mais*, aux *parce que* de la porte. C'est oui ou non ; elle ne sort pas de là. Il lui arrive ainsi de temps en temps de renvoyer des personnages qui le lendemain réclament par écrit. Ça lui vaut une remontrance du maître. Le jour de cette remontrance-là, Armande — si n'étant pas connu d'elle vous insistez pour entrer — va chercher la cuisinière et se sauve en vous l'envoyant.

Dernièrement, un jeune homme à la figure étrangère répondait parfois à mon coup de sonnette. C'était le valet de chambre, Thomaso. Remarquez son nom ; il est dangereux, car les Français n'ont pas l'habitude de s'appeler Thomaso. Ce valet de chambre était une curiosité rapportée de Florence par le grand homme. Dumas est resté assez longtemps en Italie pour parler italien ; mais il y a des gens qui n'ont jamais fait cent lieues dans leur vie et qui ne comprendraient pas le Dante, fût-ce dans une traduction. Je crois pourtant qu'il serait plus facile à un Parisien stagnant d'expliquer l'italien que le français parlé par Thomaso. Thomaso bredouille, gazouille, zézaie et ne s'entend probablement pas lui-même. Il ne connaît point M. Dumas, mais *Mozieu Doumaze*. Si M. Étienne Énault lui avait donné sa carte, il l'aurait lue pour en éviter la peine à son maître et eût annoncé *Mozieu Édiéné Enaoult*.

« Encore, eût dit Dumas, un étranger que je ne me rappelle point. Je n'y suis pas. »

Quand on protestait, Thomaso se sauvait, comme Armande, en envoyant la cuisinière.

Aujourd'hui ce valet de chambre est remplacé par un Français. Dumas n'ayant à son service qu'une seule personne mâle, cela m'économise un portrait. Lorsque vous serez reçu par un homme, vous saurez que vous êtes en face de Louis, qui vous semblera le meilleur Français du monde, aussi Français que son prénom, mais qui est bien — va-t-il me pardonner? — l'Italien de la littérature. Nos plus grands noms lui font exactement le même effet que produirait notre argot sur un paysan des environs de Rome, et prennent en passant par ses lèvres une allure impossible, grâce à laquelle Dumas renvoie ceux qui les portent. Souvent même, dans sa crainte d'annoncer à son maître un nouvel intrus, Louis ne manquerait point d'être embarrassé s'il ne savait qu'en pareil cas on consulte la cuisinière.

Qu'est-ce donc que la cuisinière?

Vous demandez ce que c'est que la cuisinière du Brillat-Savarin moderne, du Vatel qui dédaignerait les menus du baron Brisse? La cuisinière de Dumas, c'est... Pardon, j'allais faire une tirade et je réfléchis que ce n'est pas encore le moment de la placer. La cuisinière nous ouvre actuellement la porte ; nous n'aurons à la juger en cuisinière que devant ses fourneaux.

Celle sur qui se reposent—moralement—la femme et le valet de chambre a environ trente ans, n'est ni trop grande ni trop grosse, mais a bien raison de n'être ni plus grosse ni plus grande. D'ordinaire, elle retrousse ses manches en femme soigneuse qui ne veut pas les salir et elle promène ainsi des bras dodus toujours blancs et propres, en bonne cuisinière qui ne veut pas salir son ouvrage ; on l'appelle Humbert, à cause de son mari sans doute. Ses camarades ont eu recours à elle parce que son maître la loue assez souvent pour qu'ils aient foi en son habileté : Œdipe a dû renaître en Humbert.

Elle ne regarde pas, et elle a vu ; elle n'interroge pas, car elle a deviné. Possédant son Dumas par cœur, elle sait à n'importe quel moment s'il veut être seul ou s'il est prêt à recevoir. Tout de suite elle a jugé si la personne qui demande « Monsieur » est susceptible de l'intéresser ou de l'ennuyer. Les gens ennuyeux, elle les laisse à la porte sans même s'inquiéter de la pluie qui tombe. Elle épargne également à son maître les visages désagréables et se garde bien de renvoyer ceux qui ne le sont pas.

Humbert, qui est femme, connaît mieux que l'homme : elle connaît la femme ; peut-être a-t-elle éprouvé que deux filles d'Ève ne se rencontrent jamais avec plaisir. Elle a entendu vanter les belles faïences qui meublent la salle à manger ; elle invite gracieusement à les voir toute personne digne d'en gêner une autre. Voilà ce que c'est qu'Humbert, Humbert dans l'antichambre ; que penserez-vous d'elle quand je vous l'aurai montrée dans sa cuisine ?

II

L'ANTICHAMBRE.

Elle est petite, l'antichambre de Dumas; on dirait celle de Socrate; il est vrai qu'on ne s'en sert point. A droite, deux portes dont l'une, la première, *pourrait* ouvrir le salon; j'emploie cet avant-dernier verbe, parce qu'on se sert encore moins du salon que de l'antichambre; je vous étonnerai bien en vous apprenant pourquoi. L'autre donne dans la salle à manger. En face de nous, un corridor fermé par un rideau; à gauche, un grand tableau, souvenir du luxe passé.

Tous ceux qui étaient des hommes en 1832 se souviennent du magnifique bal costumé que Dumas organisa rue des Trois-Frères, le seul dont il fut l'amphitryon. Les invités, c'étaient Odilon Barrot, Lafayette, Considérant, Buloz, Eugène Sue, les deux de Musset, Delacroix, Clément et Louis Boulanger, Rossini, Bocage, Frédérick-Lemaître. Les grandes dames s'appelaient Virginie Déjazet, Mars, Georges. Puis à côté de vingt de ces auteurs dont parle Joséphin Soulary, de ces célébrités aujourd'hui inconnues, de ces gens

> Nourris de grimoire,
> Commentés, revus, corrigés,
> Surtout corrigés — de leur gloire.

C'étaient, moins remarquables à coup sûr que les rois de la littérature, des arts et de la politique que nous venons de nous rappeler, mais peut-être plus remarquées, c'étaient cent femmes aux pieds desquelles nos pères rampaient, et dont le nom est aussi pour nous lettre morte.

Dumas avait rêvé d'entourer ces splendeurs de splendides cadres. Vrai, quand on lui vante les bals de l'Hôtel de Ville qui soulèvent tant de bruit, il ne doit pas pouvoir s'empêcher de sourire en songeant aux décorateurs de cette fête-là. On les nommait Eugène Delacroix, les Boulanger, les Johannot, Decamps, Grandville, les Cicéri. Si vous voulez savoir ce qu'ils étaient capables de faire et ce qu'ils ont fait, lisez le second volume des *Souvenirs* du maître, et vous verrez que de pareils artistes méritaient bien les six chapitres qu'il leur a consacrés. En trois jours, les murs de tout l'étage destiné à ce bal furent couverts de scènes d'histoire, d'animaux, de portraits, de paysages. Eugène Delacroix seul manquait à l'appel ; on lui avait réservé un panneau. C'est celui devant lequel nous sommes, car, puisque Delacroix avait promis à Dumas de venir, il fallait qu'il vînt ; il arriva le jour même de la fête.

Il s'était engagé à peindre à la détrempe un sujet tiré du *Romancero*, traduit par Émile Deschamps, le roi Rodrigue après la défaite du Guadalète. Regardez ce tableau et dites-moi si, lors de la dernière exposition de peinture, il n'eût pas mieux valu entrer dans l'antichambre de Dumas que d'aller au Palais des Champs-Élysées.

Il y a là des raccourcis qui feraient crier miracle à Gustave Doré lui-même ; mais devant cette toile l'artiste cède bientôt la place à l'homme ; j'ai eu souvent envie d'embrasser le cheval de Rodrigue, tant cette noble bête a l'air d'aimer son maître vers qui elle se tourne comme pour chercher ses yeux.

Ce tableau, peint en trois heures et représentant un roi
qui du haut de son cheval de bataille compte les morts,
me produit, chaque fois que pour le regarder je m'arrête
dans cette antichambre, l'effet d'une grande enseigne, —
de trois enseignes en une seule. Il me dit : « Ici l'on im-
provise; ici on lutte; ici l'on peint. »

Improvisation gigantesque vraiment que celle qui, sans
se lasser, ne cesse pas de jaillir de ce quatrième étage sur
Paris, sur la France, et qu'instantanément la vapeur, qui
la représente si bien, porte dans le monde entier!

Triste lutte vraiment que celle de la pyramide qu'es-
sayent de gratter des écrivailleurs au tact trop incertain
pour en apprécier la solidité, contre laquelle les gargotiers
littéraires viennent vider leurs ordures, et qui est là, fixe,
inébranlable, montrant « qu'elle reste » à des gens qui ne
voudraient pas voir sa stature, lors même qu'ils seraient
assez grands pour cela.

Ici l'on peint. Tout à l'heure, en entrant dans ce corridor, nous verrons à gauche une petite porte, la porte sa-
crée, fermée presque à tous les mortels, et où quotidien-
nement des anges, des saints descendent se fixer sur la
toile; car Dumas a une fille, elle vient de vous le prouver
par un curieux roman : *Au lit de mort*. S'étant durant douze
ans sentie inhabile à lutter avec son père, elle se conten-
tait, pendant qu'il peignait avec la plume, de l'imiter avec
le pinceau. Mais elle s'est dit que les rossignols, dès que
sont venus l'âge et le printemps, ont des chansons comme
leur père, et Marie-Alexandre Dumas est en train d'écrire
son second roman.

III

LA BIBLIOTHÈQUE, QUELQUES DÉDICACES.

La première porte que l'on rencontre à droite, en entrant dans le corridor, ouvre aussi la salle à manger ; nous la pousserons plus tard. La seconde, presque en face de celle, toujours fermée, de la chambre de Mme Marie, la seconde, rarement fermée, ouvre la bibliothèque.

Vous deviez vous faire une idée bien fausse de cette pièce. A en croire certains biographes, Dumas n'écrirait pas deux lignes sans en avoir copié au moins une dans le livre d'un autre. Vous vous imaginiez vingt rayons entourant du haut en bas toute une salle et pliant chacun sous le poids d'une triple rangée de livres. Voyez : la pièce que Dumas appelle sa bibliothèque n'est pas plus grande que la plus petite de nos chambres ; un lit n'y tiendrait pas. Le meuble que les langues grecque et française ensemble ne peuvent point appeler autrement que la pièce où on le met, la bibliothèque, n'a pas deux mètres de large et contient à peine 1,000 livres, presque tous ouvrages de sciences et d'histoire ; peut-être pas dix romans, une quinzaine de dédicaces dont trois ou deux seulement mériteraient d'être citées. Dumas fait, des ouvrages qu'on lui donne, comme de l'argent qu'il reçoit : c'est pour tout.le monde, excepté pour lui.

Ouvrons quelques-uns des volumes qui lui restent.

En tête de son *Poëme de la Mort*, M. Amédée Rolland a écrit, au-dessus d'une signature fantasque :

> *Au grand poëte de* CHARLES VII, *de* CALIGULA, *de* L'ORESTIE,
> *au grand romancier du* XIXe *siècle, à l'auteur dramatique*
> *par excellence, à mon cher maître, à Alexandre Dumas,*
> *Son plus fervent admirateur.*

Le petit journalisme n'est guère représenté sur ces rayons que par M. Charles Joliet, qui offre ainsi ses *Athéniennes* au maître : *Hommage d'un conscrit à son général.*

Voici maintenant *l'Espagne*, qui, dans ce concert, chante sa note par le cœur d'une dame dont le nom trop long vous ennuierait, de l'auteur de *la Diadema de perlas* :

> *A Alejandro Dumas,*
> *en testimonio de admiracion.*
>
> LA AUTORA.

Laissez-moi vous rappeler la belle dédicace que George Sand fit imprimer en tête de son drame de *Molière*, représenté à la Gaîté le 10 mai 1851. Je me promets de prendre encore du plaisir à la relire ; vous ne me reprocherez donc pas de vous la donner tout entière.

> *A Alexandre Dumas.*

Si je vous prie d'agréer fraternellement la dédicace de cette faible étude, c'est parce qu'elle présente, par l'absence un peu volontaire, je l'avoue, d'incidents et d'action, un contraste marqué avec les vivantes et brillantes compositions dont vous avez illustré la scène moderne. Je tiens à protester contre la tendance qu'on pourrait m'attribuer de regarder l'absence d'action au théâtre comme une réaction systématique contre l'école dont vous êtes le chef. Loin de moi ce blasphème contre le mouvement et la vie.

J'aime trop vos ouvrages, je les lis, je les écoute avec trop de conscience et d'émotion, je suis trop artiste dans mon cœur, pour souhaiter que la moindre atteinte soit portée à vos triomphes.

Bien des gens croient que les artistes sont nécessairement jaloux les uns des autres. Je plains ces gens d'être si peu artistes eux-mêmes et de ne pas comprendre que la pensée d'assassiner nos émules serait celle de notre propre suicide.

Puisque l'occasion s'en présente, je veux la saisir pour vous soumettre quelques réflexions générales dont chacun peut faire son profit.

L'action dramatique exclut-elle l'analyse des sentiments et des passions, et réciproquement? L'homme intérieur peut-il être suffisamment révélé dans les courtes proportions de la scène, au milieu du mouvement précipité des incidents de sa vie extérieure? Je n'hésite pas à dire oui, je n'hésite pas à reconnaître que vous l'avez plusieurs fois prouvé. Cependant l'activité de l'imagination, la fièvre de la vie vous ont aussi plusieurs fois emporté jusqu'à sacrifier des nuances, des développements de caractère; et, par là, vous n'avez pas satisfait le besoin que j'éprouve de bien connaître les personnages dont je vois les actions et de bien pénétrer le motif de leurs actions. Je crois qu'avec la volonté, la merveilleuse puissance que vous avez de tenir notre intérêt en haleine, vous pouviez sacrifier un peu mon genre de scrupule à l'éclat des choses extérieures. Quand vous l'avez fait, vous avez bien fait après tout, puisque vous pouviez en dédommagement nous donner tant de belles choses dramatiques. Mais à ces mouvants tableaux, à ces enchaînements de péripéties, je préfère celles de vos œuvres où l'esprit est satisfait par la réflexion autant que par l'imprévu.

Donc on peut resserrer dans le cadre étroit de la représentation l'analyse du cœur humain et l'imprévu rapide de la vie réelle.

Mais c'est fort difficile; tout le monde n'est pas vous, et, en cherchant à imiter votre manière, on a trop habitué le public à se passer de ce dont vous n'avez jamais fait bon marché, vous dont il est possible d'imiter le costume, mais non l'être qui le porte.

J'ai donc souhaité, moi dont les instincts sont plus concentrés et la création moins colorée, de donner au public ce qui était en moi, sans songer à imiter un maître dont je chéris la puissance, et je me suis dit, avec le bonhomme :

Ne forçons point notre talent.

De là cette pièce de *Molière*, où je n'ai cherché à représenter que

la vie intime, et où rien ne m'a intéressé que les combats inté-
rieurs et les chagrins secrets. Existence romanesque et insou-
ciante au début, laborieuse et tendre dans la seconde période,
douloureuse et déchirée ensuite, calomniée et torturée à son dé-
clin, et finissant par une mort profondément triste et solennelle.
Un mot navrant, un mot historique résume cette vie près de
s'éteindre : *Mais, mon Dieu, qu'un homme souffre avant de pouvoir mou-
rir !* On pourrait ajouter « que plus cet homme est grand et bon,
plus il souffre. » Voilà tout ce qui m'a frappé dans Molière, en
dehors de tout ce que le monde sait de sa vie extérieure et de tout
ce qu'on eût pu inventer ou présumer autour de lui. Vous eus-
siez trouvé moyen, vous, de montrer l'intérieur et l'extérieur de
cette grande existence, et vous le ferez quand vous voudrez. Moi,
je me suis contenté de ce qui me plaisait. J'ignore si le public
s'en contentera, car je vous écris ceci une heure avant le lever du
rideau. Mais le mécontentement du public ne me découragerait
nullement. Je me dirai, s'il en est ainsi, que la faute est dans la
nature incomplète de mon talent, et non dans le but que je me
suis proposé.

Ce but, je tiens à le constater et à vous le dire. Vous avez
monté l'action dramatique à sa plus haute puissance, sans vou-
loir sacrifier l'analyse psychologique ; mais, en voulant faire
comme vous, on a sacrifié cette seconde condition essentielle,
parce qu'il faut être très-fort pour mener de front ces deux
choses, et j'aurais mauvaise grâce à trouver trop vert le raisin
luxuriant que vous avez planté et fait mûrir. Je veux faire de mon
mieux dans ma voie, et je serais désolé que quelques-uns crussent
devoir m'imiter dans mes défauts. Si le théâtre devenait exclusi-
vement une école de patiente et calme analyse, nous n'aurions
plus de théâtre ; mais ces mêmes défauts, si on s'habitue à me les
pardonner et à prendre en considération mes efforts pour ramener
la part d'analyse qui doit être faite, auront produit un bon résul-
tat. La grande difficulté de nos jours, c'est d'analyser rapidement.
Nos pères n'étaient pas sceptiques et raisonneurs comme nous.
Leurs caractères étaient plus d'une pièce ; beaucoup de croyances
et, par conséquent, de sentiments et de résolutions, n'étaient pas
soumis à la discussion. Aujourd'hui, nous sommes autant de
mondes philosophiques que nous sommes d'individus pensants.
Un Othello moderne aurait besoin de s'expliquer davantage pour

être accepté par tous. Et cependant on veut des scènes courtes, des dialogues serrés. — Allons, allons, on va commencer mon humble épreuve; je vous quitte, et je vous dis : « Faites mieux que moi, et, dans le bon chemin, donnez l'exemple à moi et aux autres. »

G. S.

10 mai 1851.

Puis c'est Hugo qui, lui, sans que je songe à déprécier l'auteur de *la Petite Fadette*, dit plus de choses en moins de mots. Il ne publie pas un livre qu'il ne griffonne sur un des exemplaires avec un sans gêne plein de grandeur :

Hugo à Dumas.

Les rois de la littérature n'emploient pas seuls une solennité aussi simple. Dumas est là, nous pouvons donc fouiller dans son tiroir. Voyez ce portrait-carte :

Humbert de Savoie à Alexandre Dumas.

Et notez, je vous prie, dans votre mémoire, ces dédicaces; je ne les copie que pour vous faire observer plus tard une chose d'importance quand nous causerons de ce que vous nommez l'orgueil de Dumas.

Mais, avant de quitter ce meuble, ouvrons ce grand livre jaune. Sa couverture d'ailleurs est d'une immense valeur pour le metteur en scène de Marguerite de Bourgogne. Elle dit :

Mémoires sur la Chevalière d'Éon, par Frédéric Gaillardet,

Écoutez bien :

L'un des auteurs de LA TOUR DE NESLE.

C'est écrit, là, au-dessous du nom. J'estime que cette fois voilà un aveu; et vous n'allez plus répéter que *la Tour de Nesle* est de Gaillardet seul, volé par Dumas.

www.ingramcontent.com/pod-product-compliance
Lightning Source LLC
Chambersburg PA
CBHW061558080726

47597CB00005BA/1999